CHANSONS

DE

VINGT ANS

VERSAILLES. — IMPR. DE F. AUBERT,
6, avenue de Sceaux.

CHANSONS

DE

VINGT ANS

PAR

FRÉDÉRIC BARRÉ.

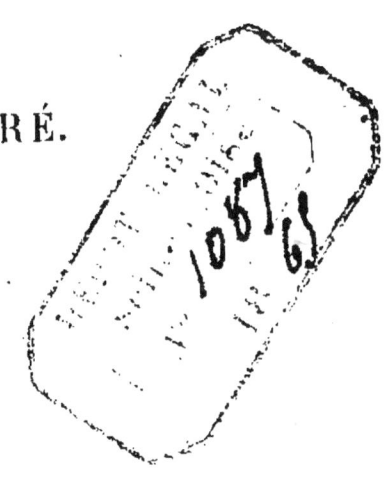

PARIS

L. MARPON, LIBRAIRE-ÉDITEUR,

Galeries de l'Odéon.

—

M DCCC LXV

1865

CHANSONS

DE

VINGT ANS

PAR

FRÉDÉRIC BARRÉ.

A LA JEUNESSE.

« Nous avons élevé notre Église — la Bourse —
« Sur les débris fumants de vos temples rasés :
« L'argent est, à la fois, providence et ressource,
« Tous les dieux sont partis ! » nous disent les blasés.
O Vénus, ô beauté, fille de Praxitèle,
Tu souris comme avant et nous nous effrayons !
Tous les dieux sont partis, — hormis toi, l'immortelle,
    La croyance est à nous, — croyons !

Ne salissons jamais la robe de notre âme :
Notre sang et nos pleurs ne la pourraient laver ;
Quand nous touchons le mal, quand nous frôlons le blâme,
Ce vêtement divin sachons le relever.
A cette époque folle où le désir est maître,
Du fond de notre cœur, tendrement exhumons
Nos amours de quinze ans et faisons-les renaître ;
 La jeunesse est à nous, — aimons !

Et puis, quand nous aurons évité toute faute,
Ne formons qu'une bande et donnons-nous la main ;
Remplis d'un noble orgueil, avançons tête haute,
Apprentis aujourd'hui, soyons patrons demain.
Sans perdre notre force en des soucis frivoles,
Chaque jour, vers le but, à grands pas approchons.
Amis, le Panthéon est auprès des écoles ;
 L'avenir est à nous, — marchons !

A ÉMILE DESCHAMPS.

NOUS N'IRONS PLUS AU BOIS.

Voici les jours moroses
A l'horizon groupés :
Avec leurs habits roses,
Les lauriers sont coupés ;
L'Aquilon brutalise
Le feuillage aux abois,
Rentrez, ma mie Elise,
Nous n'irons plus au bois !

Que de fleurs dans la haie,
Que de chansons partout,
Et que vous étiez gaie
Le quatorze d'août !
De crainte que ne sorte
Ce penser d'autrefois,
Fermons bien notre porte ;
Nous n'irons plus au bois !

Baby's à têtes blondes
Nous avons, au soleil,
Chansonné dans nos rondes,
Ce désolant conseil.
Nous ne faisions qu'en rire ;
Mais le temps, en sournois,
A son tour vient redire :
Nous n'irons plus au bois !

La raison qui se lève
Fait partir de mon cœur
Deux beaux enfants : le rêve,
L'illusion sa sœur;
Adieu, blanches figures,
Monde à qui je me dois !
Adieu, brillants parjures,
Nous n'irons plus au bois !

Je pleurais, mais un livre
A chassé mon souci,
Et je me sens revivre ;
O poète, merci ! —
Juliette endormie
Se réveille à ta voix...
Jeunesse, amour, ma mie
Encore irons au bois !

LES CONTES BLEUS DE MA NOURRICE.

Ma nourrice savait par cœur
Bien des contes, bien des légendes :
Comme du lait, douce liqueur,
Mes lèvres en étaient friandes.

Le grand Ferragus et Merlin,
Tous les preux de la table ronde,
La nuit, sous mes rideaux de lin,
Dansaient de façon furibonde ;
La fée, aux longues tresses d'or,
Me berçait selon son caprice.
Ah ! que je voudrais croire encor
Aux contes bleus de ma nourrice !

Par quelque monarque bâtis,
Tyran qui régna par la dague,
C'étaient des palais engloutis,
Qu'on voyait briller dans la vague ;
Du matelot lorsque l'esquif,
En passant, effleurait leur faîte,
Des flots sortait le cri plaintif
Qui remplaça les chants de fête :

L'écume, en prenant son essor,
Montrait un étrange édifice.
Ah! que je voudrais croire encor
Aux contes bleus de ma nourrice!

Tantôt, sous les murs du couvent,
Se glissait un maigre fantôme,
Dont les chaînes grinçaient au vent;
Quittant le paternel royaume,
Tantôt, c'était un fils de rois
Qui visitait à la sourdine,
Dans la grotte aux riches parois,
Le lit de perles d'une Ondine;
C'était cette belle qui dort
Avec ses bois et son office. —
Ah! que je voudrais croire encor
Aux contes bleus de ma nourrice!

Tantôt, sans aides, sans clairons,
Sans dextriers et sans bannière,
C'étaient deux célèbres barons
Qui s'escrimaient dans la clairière ;
Le combat durait tout le jour :
On frappait d'estoc et de taille,
Et les pâtres de ce séjour
Étaient tremblants de la bataille ;
C'étaient des vœux, — des sons de cor —
Par saint Jude et par saint Patrice !
Ah ! que je voudrais croire encor
Aux contes bleus de ma nourrice !

C'était un capitaine errant
Qui, chevauchant à l'aventure,
Laissait, d'un air indifférent,
La bride au cou de sa monture ;

C'était un prince aux blanches mains,
Un beau page qu'aimaient les fées,
Et qui trouvait sur ses chemins
Des amours, des fleurs, des trophées ;
Il arrivait jusqu'au trésor,
Des dragons trompait l'avarice.
Ah ! que je voudrais croire encor
Aux contes bleus de ma nourrice !

Dans les créneaux d'un noir donjon
Le tuteur cachait l'orpheline :
Porteur d'un message, un pigeon
S'envolait — et la mandoline
Du trouvère qui, nuit et jour,
Pleurait la gente pastourelle,
Faisait éclore un chant d'amour ;
En réponse, sous la tourelle,

Dès qu'il disait : je suis Lindor,
L'amour devenait son complice.
Ah ! que je voudrais croire encor
Aux contes bleus de ma nourrice !

Cessons ces regrets superflus,
Ces plaintes que le temps emporte :
Mes jours d'enfance ne sont plus,
Et ma bonne nourrice est morte.
Le rêve, en pleine floraison,
Pourtant, me couvre de ses branches,
Malgré l'hiver de la raison
Il a gardé ses roses blanches ;
Respectons le banal décor,
S'il le faut — mais, dans la coulisse,
J'avouerai que je crois encor
Aux contes bleus de ma nourrice.

NOËL.

—

Quand j'étais enfant et que le bonhomme
Noël arrivait, comme un grand-papa,
Avec les joujoux, les sucres de pomme
Qu'à son arbre vert sa bonté groupa :
Mes petits souliers à bouffettes roses
Je les déposais à coté du feu,
Puis — je me couchais, rêvant mille choses,
Le cœur plein d'espoir, l'œil ouvert un peu ;

De mes draps de lin couvrant mon visage,
J'écoutais l'horloge aux bruits réguliers
Et je murmurais : je serai bien sage,
Jésus, remplissez mes petits souliers.

Moi, qui, le matin, montrais à ma mère
Mes petits souliers, les yeux triomphants,
J'ignorais alors qu'elle était amère
La nuit de Noël à bien des enfants.
Je croyais que l'ange, en faisant la route,
Descendait partout et ne savait pas
Que le messager de la belle voûte,
De quelques foyers écarte ses pas ;
De tous mes jouets faisant bon usage
En faveur des toits moins hospitaliers,
J'aurais dit : pour eux, je serai bien sage,
Bon Jésus, videz mes petits souliers.

LES RICOCHETS.

J'AIME la fille à la meunière
Dont là-bas on voit le moulin :
Aussi, le long de la rivière
J'erre, le soir et le matin ;
Souvent même, la nuit arrive
Noyer le sommet du coteau,
Et je demeure sur la rive,
Faisant des ricochets dans l'eau.

Elle est svelte comme la branche,
Blonde ainsi que les blonds épis,
Elle est belle comme un dimanche,
Et bonne comme une brebis ;
Elle saute comme une grive,
Gazouille comme un passereau ;
Et je demeure sur la rive,
Faisant des ricochets dans l'eau.

Je me blottis auprès d'un hêtre,
Je raconte au vent mes amours :
Les yeux fixés sur sa fenêtre,
Sans respirer, j'attends toujours ;
Mais elle m'a vu... rouge et vive,
Elle ferme et tire un rideau :
Et je demeure sur la rive,
Faisant des ricochets dans l'eau.

Ma grosse tante Marianne
A Suzon voudrait bien m'unir :
Mais j'aimerais mieux être l'âne
Que du moulin je vois sortir,
La grande barque à la dérive,
Au pied des meules le roseau ;
Et je demeure sur la rive,
Faisant des ricochets dans l'eau.

MADAME ÉLISE.

Madame Elise dit partout
Que je suis bête pour mon âge :
Vraiment, cela me pousse à bout,
Madame Elise dit partout.....
Mais, de ce propos on m'absout
Quand on regarde mon visage ;
Madame Elise dit, partout,
Que je suis bête pour mon âge.

Pourtant, l'autre jour au jardin,
J'aurais dû lui paraître aimable :
Jamais je ne fus si mondain.
Pourtant l'autre jour au jardin.....
Qu'ai-je fait pour un tel dédain ?
Qu'ai-je donc fait de si blâmable ?
Pourtant, l'autre jour au jardin,
J'aurais dû lui paraître aimable.

D'abord, quand partit son époux
Je me plaignis de son absence,
Quoi qu'il soit stupide et jaloux :
D'abord, quand partit son époux.....
Et vous conviendrez, entre nous,
Que c'était pure complaisance.
D'abord, quand partit son époux,
Je me plaignis de son absence.

Sur le banc où j'étais assis,
Elle vint : je pris une chaise.
Ce que je raconte est précis,
Sur le banc où j'étais assis.....
Je fus un instant indécis :
Mais, pour la mettre plus à l'aise,
Sur le banc où j'étais assis,
Elle vint : je pris une chaise.

Son doux regard, de mon côté
Se tourna : je baissai la vue.
Il était long et velouté
Son doux regard de mon côté :
Sur moi-même il s'est arrêté.....
Mais, admirez ma retenue,
Son doux regard de mon côté
Se tourna : je baissai la vue.

Que le buisson est parfumé!
Que le ciel est beau, me dit-elle,
D'étoiles d'argent tout semé.
Que le buisson est parfumé!
Pour vous qui n'avez point aimé
Ce n'est que chose accidentelle;
Que le buisson est parfumé,
Que le ciel est beau! me dit-elle.

Dans ses mains elle prit ma main :
La pressa d'une molle étreinte,
En m'appelant petit gamin.
Dans ses mains elle prit ma main ;
Mais, en murmurant à demain
Je la lui retirai, de crainte.....
Dans ses mains, elle prit ma main,
La pressa d'une molle étreinte.

Je fis un salut et voilà
Comment se passa la visite. —
Que peut-on redire à cela ?
Je fis un salut, et — voilà.....
J'ignore comme on aveugla
Dame Elise sur mon mérite :
Je fis un salut, et voilà
Comment se passa la visite.

A M. A. BILLOT.

FANTAISIE SUR LE BARBIER DE SÉVILLE.

« Oui, Lindor seul a su me plaire,
« Il a mon cœur, il a ma foi... »
Seize notes d'une voix chère
Et je deviens poète — moi !
Comme ce jeune homme, on devine
Que rang, fortune, je n'ai rien,
Mais que mon âme entendrait bien
La chanson que disait Rosine.

Frais printemps qui se voit éclore,
Pur matin, messager du jour;
Luth enfant qui devient sonore,
Naissant penser, joyeux amour;
Philtre enivrant qui vous domine,
Avenir, bonheur — tout est là...
Vraiment, elle cache cela,
La chanson que disait Rosine.

En vain je soupire et regarde
Si Rosine entr'ouvre un volet;
Si, du Bartholo qui la garde,
Elle sait rompre le filet :
Si quelque ruse féminine
Va donner le change au jaloux.
Point ne m'appelle au rendez-vous,
La chanson que disait Rosine!

Voila pourquoi je suis morose,
Pourquoi je ne fais plus de vers;
Ami, qui voyez tout en rose,
Pardonnez ce léger travers.
A mon esprit qui se chagrine
Tout obstacle se voilera,
Quand du balcon s'envolera
La chanson que disait Rosine.

A N. BERCHÈRE.

LA CHANSON DE L'ÉPINE BLANCHE.

Un pur rayon soudain englobe
Prés et coteaux d'un rire gai :
Le buisson vert passe la robe
Que lui tissa le mois de mai ;
Le merle, en habit de dimanche,
Ouvre son bec à franges d'or
Et transpose, comme un ténor,
La chanson de l'Épine blanche.

Du même âge que la nature,
C'est un long et tendre refrain :
Le temps n'y mit point de rature,
Dieu, lui-même, en est le parrain ;
C'est une note vive et franche
Qui fait toujours rouler des pleurs
Dans les regards et sur les fleurs,
La chanson de l'Épine blanche.

Sous les replis de la charmille,
Tout un peuple, l'hiver banni,
Répond en chœur, saute et fourmille
Dans chaque creux, dans chaque nid.
D'êtres contents une avalanche
Est de retour, au premier son,
Pour redire au vent la chanson,
La chanson de l'Épine blanche.

Tous deux sur une haquenée,
Chevauchant, la main dans la main,
Dame par beau page menée
D'amour embaume le chemin ;
En projets charmants on s'épanche
Et, soupirant doloroso,
On interprète amoroso
La chanson de l'Épine blanche.

Dans votre salon bleu, vous croyant isolée,
Sur votre piano, vous posâtes la main :
Ne la regrettez pas, la romance envolée!
　　Un pauvre l'a prise en chemin.

C'était, il m'en souvient, un écho du Calvaire :
« *Mon Dieu, c'est trop souffrir !* » et l'hymne descendait
Jusqu'à moi dans la rue, et ce chant d'un trouvère
　　Un trouvère, aussi, l'entendait.

O comte de Luna, je te maudis dans l'âme,
Voluptueux bourreau, féroce épicurien!
Pourtant, sur l'amour même, on peut jeter le blâme
    Quand il n'a qu'une lyre et rien.

A LOUIS DEMOUCEAUX.

LE MÉNÉTRIER.

Le ménétrier du village
Est dans la peine, et cependant
Il faut qu'il racle, sous l'ombrage,
Un air joyeux, un air dansant :
Qu'il soit triste ou chagrin, qu'importe
Aux jeunes gens, aux frais atours!
Jouez, jouez devant la porte,
Ménétrier, jouez toujours.

On voit trembler sa tête blanche :
Son front se ride et, dans sa main,
L'archet frémit, l'instrument penche,
Longtemps il est resté sans pain ;
L'hiver, sa pauvre femme est morte,
La misère a terni ses jours.
Jouez, jouez devant la porte,
Ménétrier, jouez toujours.

Enfants, ses yeux sont pleins de larmes,
Voyez, — il frissonne ce soir ;
Son fils est là-bas, sous les armes,
De si loin peut-on se revoir !
Un boulet, peut-être, l'emporte,
Il périt seul et sans secours....
Jouez, jouez devant la porte,
Ménétrier, jouez toujours.

De sa fille, il pleure l'absence ;
Tous ces refrains lassent son bras,
Elle était si belle à la danse,
Qu'un soir elle n'en revint pas.....
Pourtant, un père aime de sorte
Qu'il est prêt à tous les retours !
Jouez, jouez devant la porte,
Ménétrier, jouez toujours.

Un jour, le prêtre au cimetière
Le conduira sans grands honneurs ;
Au passage de sa bière
S'écarteront les beaux danseurs ;
Parfois, aux morts le vent apporte,
Pour les railler, des chants d'amours.
Jouez, jouez devant la porte,
Ménétrier, jouez toujours.

IDYLLE.

Dans le cœur, je n'ai pas d'amour,
J'étais l'ami de ma cousine :
Sincèrement et sans détour,
Dans le cœur je n'ai pas d'amour.
J'espérais que... peut-être... un jour...
Je me trompais, on le devine,
Dans le cœur je n'ai pas d'amour,
J'étais l'ami de ma cousine.

Nous passions tout notre mois d'août
Dans un cottage en Normandie.
A chanter, à courir partout,
Nous passions tout notre mois d'août.
Ah! que les pommes ont bon goût,
Quand on maraude à l'étourdie!
Nous passions tout notre mois d'août
Dans un cottage en Normandie.

Un soir, nous allâmes tous deux
Nous promener dans la cour verte;
Le couchant était orageux.
Un soir, nous allâmes tous deux...
Fraîche compagne de mes yeux,
Ma cousine se nommait Berthe.
Un soir, nous allâmes tous deux
Nous promener dans la cour verte.

Sous les branches du gros pommier
Se dressait une double échelle :
C'était un oubli du fermier,
Sous les branches du gros pommier.
Je m'y perchai comme un ramier,
Près de ma douce colombelle.
Sous les branches du gros pommier
Se dressait une double échelle.

Ah ! si je m'étais souvenu
De l'histoire de la mère Eve,
Que n'aurais-je pas obtenu ?
Ah ! si je m'étais souvenu !
Mais je me berçais, ingénu,
Dans les caprices d'un long rêve.
Ah ! si je m'étais souvenu
De l'histoire de la mère Eve !

A quatorze ans, d'un seul baiser,
Non sans rougir, on se contente :
Cela s'appelle s'amuser.
A quatorze ans, d'un seul baiser...
Plus tard on peut s'apprivoiser.
Mais voici qu'arriva ma tante.
A quatorze ans, d'un seul baiser,
Non sans rougir, on se contente.

« Voyez, voyez, les deux oiseaux
« Qui se sont posés dans mon arbre :
« Je les ai pris dans mes réseaux,
« Voyez, voyez, les deux oiseaux. »
Ma Berthe, comme les roseaux,
Tremblait ; — moi, j'étais comme un marbre :
« Voyez, voyez, les deux oiseaux
« Qui se sont posés dans mon arbre. »

Hélas! le cottage est vendu
Et ma cousine est mariée!
Vous n'avez pas mal entendu :
Hélas! le cottage est vendu!
Je reste, pauvre enfant perdu,
Avec mon âme expropriée;
Hélas! le cottage est vendu,
Et ma cousine est mariée!

LE CHAPELET.

Ma nourrice Brigite,
De son doigt maigrelet,
Graine à graine, débite
Son pesant chapelet.

C'est de bois qu'il est fait, cet antique rosaire,
De bois simple comme elle, et, qu'on ne peut user :
Triste ou gai confident, à chaque anniversaire,
Il se jaunit au feu d'un pleur ou d'un baiser.

L'avenir est bien court pour cette vieille femme!
Des ans qui ne sont plus, vous pouvez l'élargir,
Bon Jésus, — ramenez au fond de sa pauvre âme
Ce passé dont nul jour ne la fera rougir.

    Ma nourrice Brigite,
    De son doigt maigrelet,
    Graine à graine, débite
    Son pesant chapelet.

La première dizaine est celle de l'enfance :
Lointain, — lointain coteau; plus lointain souvenir.
Le bonheur de ces jours serait-il une offense,
Que l'esprit du vieillard ne peut les retenir?

On entend vaguement chanter encor les merles
Dans les grands bois touffus : on revoit le chemin,
Le clocher, — mais sans voir nettement, et les perles
Du rosaire muet vous glissent dans la main.

   Ma nourrice Brigite,
   De son doigt maigrelet,
   Graine à graine débite
   Son pesant chapelet.

Bientôt, voilà l'été qui dore et qui flamboie,
Tout rempli de parfums, de bouquets et d'amours :
Douce époque d'ivresse, époque de la joie,
Beaux rêves si brillants qu'on les voit tous les jours.

Là-bas, les beaux danseurs sont placés sous le hêtre :
Là-bas, c'est Lubin, Rose, et puis cet amoureux
Pour qui notre corsage aura battu peut-être ;
Sont-ils tous déjà morts? ou sont-ils tous heureux?

  Ma nourrice Brigite,
  De son doigt maigrelet,
  Graine à graine débite
  Son pesant chapelet.

Mais l'automne est venu, suivi de son cortége :
Les enfants à vêtir, — les parents à pleurer, —
Résignons-nous : courage, et que Dieu nous protége,
Pauvreté n'est pas vice et peut nous effleurer.

Ils sont partis du nid, tous les beaux oiseaux roses,
Et leur mère à genoux, le regard humecté,
Demande avec ferveur qu'ils gardent ces deux choses
Qui rendent l'homme pur : l'honneur, la liberté.

    Ma nourrice Brigite,
    De son doigt maigrelet,
    Graine à graine débite
    Son pesant chapelet.

Après avoir courbé la tête une seconde,
Je crois à Dieu, dit-elle, et doucement sourit
De ce rire divin qui n'est pas de ce monde,
Et qui, dans le ciel bleu, seulement refleurit.

Toute son existence est là, dans cette phrase.
Heureux l'humble de cœur qui, laissant le savant
Soulever le rocher dont la masse l'écrase,
Sait ce qui vient après, sans chercher en avant.

Ma nourrice Brigite,
De son doigt maigrelet,
Graine à graine débite
Son pesant chapelet.

LA SENTE AUX DÉCIDEZ-VOUS.

A quelques pas de mon village
Il est un chemin près des eaux,
Un chemin qui fuit sous l'ombrage
Et serpente dans les roseaux ;
Là vont nicher les tourterelles,
La fleur penche et le vent est doux :
Ce n'est que soupirs et bruits d'ailes
Dans la sente aux décidez-vous.

Blonds amoureux, après la danse,
Si votre main trouve une main ;
Si vous cherchez ombre et silence
Loin du bal, loin du fol essaim ;
Si vous voulez qu'une fillette
Cède à vos vœux et sans courroux,
Conduisez-la, tendre et seulette,
Dans la sente aux décidez-vous.

Jeunes victimes du veuvage
Qui ressentez, chaque printemps,
Besoin de remettre en ménage
Un cœur qui n'a pas fait son temps ;
Pour chasser la plainte importune
Qui poursuit le premier époux,
Allez rêver au clair de 'lune,
Dans la sente aux décidez-vous.

Thérèse aime, depuis l'enfance,
Blaisinet qui, pour tout avoir,
A ses deux bras et l'espérance.
Survient un prétendant en noir,
C'est un gros notaire, à son aise,
Mais il a binocle et poil roux.
Promenez-vous longtemps, Thérèse,
Dans la sente aux décidez-vous.

Quand à midi, près des charmilles,
Bons vieux, vous traînez vos vieux pas,
Vous penchant, mais sur des béquilles,
Que vous dit la fleur des lilas ?
Jadis, ils ont vu sur vos têtes
De bruns cheveux ; — avouez-nous
Combien vous meniez de conquêtes
Dans la sente aux décidez-vous.

5.

L'CASSEUX D'CAILLOUX.

Voyageurs qui suivez la route,
Le cœur encor plein des adieux,
Vous avez rencontré sans doute,
Près des fossés, un pauvre vieux :
Avec son maillet ou sa pelle,
Il travaille, et n'est pas jaloux
D'un autre destin ; — on l'appelle
　　L'casseux d'cailloux.

Que fut-il ? un soldat peut-être,
Il porte la moustache encor ;
Peut-être il a, par la fenêtre,
A tout venant jeté son or ;
Mais, de ce passé qu'il oublie,
Il souffre, et les torts sont absous.
Après le vin, il boit la lie,
    L'casseux d'cailloux.

Au demeurant, vrai philosophe,
Il sourit lorsqu'un beau gandin,
De son tilbury, l'apostrophe
Avec un geste de dédain ;
Quand, dans son machin à salade,
Jeanne promène un Anglais roux,
A la belle, il lance une œillade,
    L'casseux d'cailloux.

Puis, le char-à-bancs du dimanche
Vient avec ses airs triomphants ;
Comme des pinsons sur la branche
Entr'eux babillent les enfants :
Tout cela glapit et fourmille,
La mère se met en courroux.....
Hélas! il n'a pas de famille,
  L'casseux d'cailloux.

Pour compagne il a l'hirondelle
Qui, près de lui, rase le sol
Et le caresse, d'un coup d'aile,
Dans les caprices de son vol.
Parfois, c'est un lièvre qui passe,
Une tourterelle aux yeux doux,
Et qu'il suit longtemps dans l'espace,
  L'casseux d'cailloux.

Pourtant, un soir, contre une borne,
Il trouva, le pauvre casseur,
Un petit qui, le regard morne,
En pleurant, appelait sa sœur ;
Il lui donna son pain, son verre,
Le réchauffa sur ses genoux.
Trouvera-t-il Dieu bien sévère,
    L'casseux d'ailloux ?

DAME ISABEAU.

Dame Isabeau traîne à sa robe
Deux amoureux et deux amours :
De l'un, la lèvre se dérobe
Sous un poil gris, ciré toujours;
De l'autre, les cheveux descendent,
En flots dorés, sur un cou blanc.
L'un est de ceux-là qui pourfendent,
Le casque au front, le glaive au flanc.

S'il peut ravir une mitaine,
Un ruban, de gaze un lambeau;
L'autre rêve..., et dame Isabeau
Préférera le capitaine.

Le page murmure : « Chère âme,
« Fuyons à deux ; — le sentier vert,
« L'oiseau, la rose qui se pâme
« T'apprendront ce que j'ai souffert. »
Le capitaine dit : « Charmante,
« Ton œil est bien doux, ce matin;
« Dieu! quelle taille, mon infante;
« Votre pied est fait de satin.
« On dirait, belle puritaine,
« Que sur ta tête un noir corbeau
« Mit son aile... » Et dame Isabeau
Préférera le capitaine.

Passer, plaintive tourterelle,
La nuit sous un ciel étoilé ;
Fixer la massive tourelle,
Le regard de larmes voilé ;
Redire à l'écho qui babille,
Un nom qui s'échappe tout bas,
Et que d'un vers on entortille
Afin qu'on ne l'entende pas ;
Sous le saule de la fontaine,
A vingt ans, choisir un tombeau,
C'est délire..., et dame Isabeau
Préférera le capitaine.

Emporter comme une bastille
Une âme, et laisser après soi,
De l'Allemagne à la Castille,
Un troupeau de cœurs en émoi ;

Dresser, en buvant, une liste
De baisers reçus ou ravis ;
Du salon chez la camériste
Porter ses désirs assouvis ;
Brusquer la pudeur incertaine,
Brocanter l'amoureux flambeau :
C'est bravoure..., et dame Isabeau
Préférera le capitaine.

Pendant qu'avec mon cœur je glose,
Que je rimaille en vrai conscrit,
Une larme soudain éclose
Roule et tache mon manuscrit.
C'est que ce dédain est notoire,
C'est que mon fiel est contenu,
C'est que ce conte est une histoire,
C'est que l'amour est mal venu.

Lui, pourtant, passe la trentaine;
Il n'est pas mince, il n'est pas beau :
C'est la règle..., et dame Isabeau
Préférera le capitaine.

LE PAIN BÉNI DES PETITS OISEAUX.

Le bedeau revenait muni
De la corbeille au pain béni.

Jurant, il s'acquittait de cette œuvre servile ;
Le marchand de gâteaux demeurait à la ville,
Mais le curé voulait, pour le jour des Rameaux,
De la brioche et non le pain noir des hameaux ;
Il fallait obéir à ce saint personnage,
Notre bedeau, pourtant, en était tout en nage.

Le bedeau revenait muni
De la corbeille au pain béni.

A la ville, on avait quelques bons camarades ;
Il faisait, ce jour-là, dix degrés centigrades,
Et, pour notre bedeau, toujours très altéré,
Ce n'était déjà plus un climat tempéré.
Aussi, pour conjurer cette température,
Avait-il, de bon vin, sifflé double mesure.

Le bedeau revenait muni
De la corbeille au pain béni.

Les bourgeons commençaient à poindre sur la route,
Et les linots chantaient ; mais le rustre, sans doute,

Cherchant à marcher droit, ne s'en occupait pas;
Parfois il s'arrêtait, ou faisait de grands pas ;
Enfin il se coucha sous les rameaux d'un orme :
« Tant pis, pour le curé, mais il faut que je dorme ! »

> Le bedeau revenait muni
> De la corbeille au pain béni.

La corbeille tomba sur la pelouse verte :
Mais, de son linge blanc, elle était peu couverte,
Et les petits oiseaux arrivèrent des cieux,
Faire, de pain béni, repas délicieux.
Le fidèle, dit-on, en manqua dans l'église,
Cela me fut conté par ma cousine Elise.

> Le bedeau revenait muni
> De la corbeille au pain béni.

LES NIDS.

Malheureux les oiseaux sans cages
Que Dieu nourrissait de sa main !
Du manteau passé des bocages
L'automne a vêtu le chemin.
Des fenêtres de ma demeure,
Que vois-je, au sommet du talus,
Dans l'arbre que le vent effleure ?
C'est un nid qui ne chante plus.

Un jour, la muse à mes oreilles
Murmura quelques mots tout bas :
Elle promit monts et merveilles,
Mais sa parole ne tint pas.
Je me suis mis à dos Minerve,
Les neuf blondes sœurs et Phœbus
M'ont délaissé ; quant à la verve,
C'est un nid qui ne chante plus.

Près des cieux, dans une mansarde,
Logé si haut, faute de sous,
Un fils de l'avenir, un barde,
Avait amoureuse aux yeux doux ;
Le cigare, la chansonnette
Faisaient, au logis, maints abus,
Et le portier fit maison nette.
C'est un nid qui ne chante plus.

De frais amours fraîche couvée
S'ébat dans une âme à quinze ans;
Plus tard, leur troupe s'est levée,
Au corsage plus de rubans,
Plus rien ne s'émeut, ne frétille,
Tout est vide. — Enfin je conclus
Que le cœur d'une vieille fille,
C'est un nid qui ne chante plus.

Vieux époux dont le pas chancelle
Au dernier terme du loyer,
Cherchez en vain une étincelle
Aux tisons de votre foyer;
La famille, ingrate hirondelle,
Vous a laissés seuls et reclus,
Et votre gîte, privé d'elle,
C'est un nid qui ne chante plus.

Lorsque fleurissaient toutes choses,
J'aurais cueilli, dans mon terrain,
Aisément mille et mille roses
Qui couronneraient ce refrain ;
Mais, sans soleil et sans verdure,
Mes pauvres vers sont tout perclus :
Devant la bise et la froidure,
C'est un nid qui ne chante plus.

A LÉON ROSSIGNOL.

L'GILET DE MON ONCLE THOMAS.

L'GILET de mon oncle Thomas,
Il est tout en blanc taffetas,
Avec une doublure rose :
C'est une merveilleuse chose !
Et puis, vous y voyez un tas
De bêtes....., une confrérie
De chinoises en broderie.
J'voudrais ben, mais je l'aurai pas,
L'gilet de mon oncle Thomas.

L'gilet de mon oncle Thomas,
D'abord, représente un repas
Où s'égaudit une cigogne
Près d'un renard qui se renfrogne ;
Un Arabe, avec un damas,
Y poursuit la lune éplorée
Sur une perruche dorée.
J'voudrais ben..., mais je l'aurai pas,
L'gilet de mon oncle Thomas.

L'gilet de mon oncle Thomas
Possède toujours un amas
De billets doux au fond des poches ;
Il a tourné bien des caboches !
Depuis l'amoureuse à Lucas,
Jusqu'à la grosse Madeleine,
Il ne connaît pas d'inhumaine.
J'voudrais ben..., mais je l'aurai pas,
L'gilet de mon oncle Thomas.

L'gilet de mon oncle Thomas,
Tous les ans, du haut jusqu'en bas,
Se déboutonne aux jours de fête :
A tout le village, il tient tête
(C'est l'ennemi du chasselas);
L'an dernier, sans crier merveilles,
Il a bu quatorze bouteilles.
J'voudrais ben..., mais je l'aurai pas,
L'gilet de mon oncle Thomas.

L'gilet de mon oncle Thomas
Est plein d'argent comme un cabas :
Lorsque je fais quelque fredaine,
Mon oncle, frappant sa bedaine,
Me dit : te voila donc, mon gas ?
Puis, sans demander qu'on réponde,
Il en tire la pièce ronde.
J'voudrais ben..., mais je l'aurai pas,
L'gilet de mon oncle Thomas.

L'gilet de mon oncle Thomas
Saurait me gagner les appas
De Mathurine, ma promise :
Elle en grille, dans sa chemise !
Si ce pauvre oncle, à son trépas,
Pouvait...... Mathurine, je gage,
En ferait un gentil corsage.
J'voudrais ben..., mais je l'aurai pas,
L'gilet de mon oncle Thomas.

LA MARE DU BOIS-GALANT.

Près des blonds épis de la plaine,
Dessous le saule au rameau vert,
Dans un tapis de marjolaine,
Un peu d'eau s'est mis à couvert :
L'hirondelle, à l'essor rapide,
A demi l'effleure, la ride
Et la caresse en s'envolant;
La bergeronnette timide,
Parfois, y plonge une aile humide :
C'est la mare du Bois-Galant.

Autrefois, dit une légende,
Une dame de grand renom
(Ame folle que Dieu défende!)
En jouant lui donna ce nom.
Ce jour-là, quelle sarabande!
De petits abbés grande bande
Folâtrait en caracolant;
De cotillons ample provende
Se parfumait dans la lavande,
A la mare du Bois-Galant.

Las de se poser une mouche,
Dieu Cupidon se fit amour;
Son humeur est bien plus farouche,
Sans carquois, il se cache au jour;
Le petit dieu, sainte-n'y-touche,
Sous le bandeau qui le rend louche,

Est devenu moins pétulant.
A son portier, quand il découche,
Il dit qu'il va prendre une douche
A la mare du Bois-Galant.

Pourtant, au gazon qui l'enserre,
Les pas se lisent deux à deux,
Et l'aurore, en lorgnant la terre,
Y voit des gîtes d'amoureux ;
D'un vert talus du voisinage,
J'ai vu s'en aller à la nage,
Autour d'un iris insolent,
Un ruban bleu, candide gage,
Laissé par un couple sauvage,
A la mare du Bois-Galant.

EMFRILD.

I

Tandis qu'un gazon vert essuyait sa framée,
Humide et chaude encor du sang qui l'arrosait,
Sous les rameaux d'un myrte, en un lit de ramée,
Emfrild, adorateur d'Odin, se reposait.
Il avait, au buisson voisin, laissé son casque,
Son casque gigantesque, où l'on voit un coursier
Qui se cabre écumant, et dont le cimier masque
Le jour, comme un grand aigle aux ailerons d'acier.
Et le héros rêvait, la face sur la mousse,
D'une lutte et d'un crâne à son côté pendu,
Ou de l'étalon gris, à la crinière rousse,
Qu'au dernier des combats son frère avait perdu;

Il s'appuyait, en rêve, au sein de la farouche
Qui ne livre son corps robuste et son bras blanc
Qu'à l'amant qui l'abat à terre et qui la couche;
Enfin, à bout de force et la sueur au flanc,
Il vidait cette coupe où s'abreuvent les braves,
Coupe pleine d'oubli, coupe pleine de feux :
Il était au festin où les fantômes graves
De ceux qui sont bien morts, attendent leurs neveux.

II

Or, voici qu'à travers les myrtes et les roses,
Avec de longs baisers et des cris amoureux,
Arrivèrent par là deux colombes, deux choses
Blanches, qui regardaient avec des yeux peureux.
O l'étrange hasard, que celui qui rassemble
La force et la faiblesse au même point du sol !
Les deux oiselets blancs s'arrêtèrent ensemble,
Comme si Dieu, lui-même, eût enchaîné leur vol;

Et puis dans la coiffure horrible, échevelée,
Du héros qui dormait, l'un des deux se coucha,
Et l'autre, polissant son aile immaculée,
Pour protéger sa sœur, au sommet se percha.
Tout à coup, dans les bois, un cor se fit entendre :
Emfrild se réveilla : « Mes armes ! — Les voici. »
Le couple frissonna, car elle était peu tendre,
La voix de ce vaillant qui se levait ainsi.
L'homme avait sa cuirasse et son glaive à la hanche,
Un gantelet d'airain sur son poignet charnu ;
Mais quand, brutal, il vit cette famille blanche,
Emu dans son grand cœur, il partit le front nu.

III

Emfrild ! ils sont à toi, les cieux du Scandinave,
Ces cieux dont tu rêvais, quand tu les savais loin !
Une plaie, à ton front, s'ouvre béante et bave
Le sang avec l'humeur : pour mourir cherche un coin !

Par vaillance, insolent, tu fis don aux colombes
De ton casque sauveur, et ton crâne est fendu ;
Va, fais le généreux, doux soldat, dans les tombes!
Au flanc des ennemis, vois ton beau front pendu !
Tes pigeons sont là-bas, mais les corbeaux sont proches ;
Ils mangeront ta chair et boiront de ton sang ;
Ce sont des tourtereaux qui cachent sous les roches
Les ossements des morts, et les mettent en rang.
Le blessé, sur son front, ayant la main levée,
Voyait la terre en rouge, et se sentait mourir ;
Alors il murmura : « Maudite la couvée! »
Et les pigeons, pourtant, se pressaient d'accourir.
La colombe, en son bec, avait pris à la source
De l'eau fraîche, autant d'eau, qu'hélas ! elle pouvait ;
Son blanc époux traînait, en suprême ressource,
Une herbe merveilleuse, et le couple arrivait
Suivi de ses petits. On lava la blessure ;
L'eau calma la douleur, l'herbe fit la santé ;
La force du héros revint complète et sûre,
Et du bien, depuis lors, il n'a jamais douté.

CE QU'IL ADVINT A MEUDON.

Puisqu'aujourd'hui c'est dimanche,
Que nous sommes à Meudon;
Que le printemps, sur la branche,
Fait la nique à Cupidon;
Que tu m'aimes..., que je t'aime...,
Je dîne chez mon parrain.
Faut pas manquer l'train tout d'même,
    Faut pas manquer l'train.

Voyons si ta collerette,
Blanc étui d'un blanc trésor,
Serre trop ta gorgerette?
— Ah! qu'allez vous faire encore.
Y songez-vous... en carême!
Sous moi, glisse le terrain.
Faut pas manquer l'train tout d'même,
    Faut pas manquer l'train.

Ne donnons pas pas d'auditoire
A ce fait d'intimité.
Mes bons amis, cette histoire
N'a pas de moralité.
Que chacun brode le thème,
Moi, je change le refrain :
Ils ont manqué l'train tout d'même,
    Ils ont manqué l'train.

CATARINA.

Au parvis de la cathédrale
Se dresse une sombre maison
D'une apparence sépulcrale,
Et qui dépare l'horizon ;
Un rayon, à sa persienne,
Jamais, l'été, ne frappera :
Là demeure une Italienne.
    Ah ! povera !

Ainsi que de la Fornarine,
Un Raphaël en eût rêvé;
Et pourtant, pauvre Catherine,
Son portrait gît sur le pavé.
A l'Exposition prochaine,
En mai, tout Paris la verra.
Être belle, voilà sa chaîne.
  Ah! povera!

Elle va, bacchante et madone,
Poser pour le torse ou la main,
Selon que le peintre l'ordonne :
Folle aujourd'hui, sainte demain.
Parfois, d'une heure elle ne bouge;
Et puis, elle replacera,
L'argent gagné, son fichu rouge.
  Ah! povera!

Jupon vert et chemise blanche
Qui, laissant les bras s'entrevoir,
Retombe en gros plis sur la hanche,
Vous étonnez notre habit noir;
Et la blouse, qui, de coutume,
Ne vous a vus qu'à l'Opéra,
Passe, en riant de ce costume.

  Ah! povera!

Rêveuse, elle perce la foule,
Pensant à celui qui, là-bas,
Dort auprès d'un temple qui croule;
Son cœur n'a pas fait un faux pas.
Plus tard, quand on sera fanée,
Au pays on se mariera;
Mais on a vingt ans cette année.

  Ah! povera!

Splendide campagne romaine,
Palais si blancs dans les prés verts,
Tibre jauni, brûlant domaine
Du soleil et des cieux ouverts;
Volcans dont le cratère fume,
Heureux qui vous retrouvera!
Paris s'étale dans la brume.
    Ah! povera!

L'ORAGE.

A L'HORIZON gris s'amoncelle
La vapeur au flanc pommelé,
Le sable vole, à l'eau mêlé,
Un éclair livide étincelle,
Le vent déracine l'ormeau.
Donnez-moi votre bras, Rosine,
Retournons chez notre cousine,
Regagnons vite le hameau.

C'en est fait! l'orage s'approche,
Il est trop tard pour arriver;
Au plus près il nous faut sauver,
Abritons-nous sous cette roche.
Relevez votre mantelet,
Couvrez votre gentille tête;
Cette robe blanche de fête,
Sauvons ses volants, s'il vous plaît!

Ne vous effrayez pas, la belle;
Approchez-vous un peu de moi.
Calmez ce douloureux émoi;
Ne tremblez plus, ma colombelle,
Je suis là pour vous protéger!
Pendant que le tonnerre gronde,
Allons, répetez-moi la ronde
Que vous chantiez dans le verger.

Je trouvai, regardant la nue,
Quoique le ciel eût mille feux,
Moins d'éclairs que dans les yeux bleus
De ma ravissante ingénue.
Ses pleurs me perçaient plus avant
Que l'eau qui flagellait la mousse ;
Son haleine était pure et douce,
Mais m'agitait plus que le vent.

Combien de temps dura l'orage ?
Je n'ai pas mesuré le temps.
J'avais oublié les autans
Et tous les éléments en rage.
Le soleil enfin fut vainqueur,
Tout se dissipa comme un rêve ;
Mais depuis ce moment, sans trêve,
L'orage a grondé dans mon cœur.

A ARMAND RENAUD.

LA CHANSON DU FOU.

J'ai suivi, rapide à la course,
Linots, papillons, et, souvent,
Je me suis baigné dans la source
Qui sourit aux baisers du vent;
J'ai vu trembler des ombres grises,
A l'heure où râle le hibou;
J'ai compris la chanson des brises.
Laissez, laissez rêver le fou.

J'ai cueilli pour ma bien-aimée,
Là-bas, une gerbe de fleurs
De chaque parfum embaumée
Et riche de toutes couleurs.
De mon âme elle est la madone,
Aussi je courbe le genou :
A son culte je m'abandonne.
Laissez, laissez aimer le fou.

Dans le jardin sombre où repose
Mon père, à ce que l'on m'a dit,
Trouvant la porte demi-close,
Je suis entré comme un maudit ;
J'ai cherché sa croix sur la mousse,
Et j'ai prié sans savoir où ;
Pourtant ma prière était douce.
Laissez, laissez pleurer le fou.

Alors, je suis allé dans l'herbe,
Sous les peupliers, verts rideaux,
Voler une jument superbe,
Et d'un bond je fus sur son dos.
J'ai couru par vaux, par montagnes,
Sans mors, sans selle, sans licou,
Au loin forêts, au loin campagnes.
Laissez, laissez passer le fou.

Je suis passé comme un orage ;
J'ai bien souffert et bien rêvé !
Mais, dans la plaine et sous l'ombrage,
C'est le néant que j'ai trouvé.
Je veux ramper, comme une bête,
Ou vers un nid, ou vers un trou ;
Je sens que s'affaiblit ma tête....
Laissez, laissez dormir le fou.

LES AMOURS DU FOSSOYEUR.

Le fossoyeur et sa maîtresse
Vont folâtrant, jeunes et beaux ;
Elle mêle à sa brune tresse
Les anémones des tombeaux ;
Elle attache, l'enfant rieuse,
A son corset presqu'entrouvert,
Quelques tiges de scabieuse
Qu'elle prend dans le gazon vert.

De la terre sainte offensée
S'exhale une triste pensée :
Chantez moins haut, aimez moins fort,
Vivants, laissez en paix la mort!

Puis, une épingle qui s'émousse,
Grattant les marbres superflus,
Fait sortir deux noms de la mousse
Sur un nom qu'on ne connaît plus ;
Cœur enflammé gaiement s'enlace
Au ci-gît que, sur le cercueil,
D'une âme qui s'endormit lasse,
Grava quelque famille en deuil.

De la terre sainte offensée
S'exhale une triste pensée :
Chantez moins haut, aimez moins fort,
Vivants, laissez en paix la mort!

Longtemps joyeux, de tombe en tombe,
Ils ont couru, pour un baiser.
Voici déjà la nuit qui tombe,
Les rires semblent s'apaiser.
Mais quoi ? sous le saule qui pleure,
Je les vois, la main dans la main,
Follement laisser passer l'heure !
Demain, ou serez-vous demain ?

De la terre sainte offensée
S'exhale une triste pensée :
Chantez moins haut, aimez moins fort,
Vivants, laissez en paix la mort !

Si tu viens dans ma chambre,
Eh bien ! tu briseras
Mon bouquin au bout d'ambre,
Et ce que tu voudras ;
Si tu viens : de ma bible
Et de mon chapelet,
L'une sera ta cible,
L'autre ton bracelet ;

Sur Vénus l'amoureuse,
Tu frapperas à tort,
Et souriras, peureuse,
A ma tête de mort.
Qu'importe, sur ma couche,
Un crucifix pendu :
Aux baisers de ta bouche
Mon être s'est perdu ;
Que m'importe l'idée ?
Je vois, l'amour au flanc,
Que tu n'es pas ridée,
Et que ton bras est blanc !
J'ai fait dans mon délire,
Autrefois, quand j'aimais,
Des chants que cette lyre
Ne redira jamais.
Mais, à terre, ces choses
Je les laisse rouler,
Pour que de tes pieds roses
Tu les puisses fouler.

Car vois-tu, ma maîtresse,
A ces couplets trop longs,
Je préfère une tresse
Longue de cheveux blonds.
Si tu veux ma jeunesse,
Mon avenir, ma foi,
Va, je t'en fais largesse,
Tout cela — c'est à toi.

FEU LE MARQUIS DE CUPIDO.

Ma tante en racontait l'histoire,
Jadis, à son petit neveu ;
Il était mort, c'était notoire,
Son cœur en faisait trop l'aveu.
Que de bons tours, en sa jeunesse,
Avait joué ce marquis-là !
Et ma tante la chanoinesse,
En poussait un tendre hélà !

« Mes petits amis, disait-elle,
« Pour son âme, un dernier Credo :
« Pleurez, Lubin, pleurez, Estelle,
« Feu le marquis de Cupido.

Pauvre tante, séchez vos larmes,
De pleurer, il n'est point sujet ;
Avec son carquois et ses armes,
De vos retours, j'ai vu l'objet.
Son col était tout blanc de poudre ;
Il avait perruque à frimas,
Nœuds galants qu'on venait de coudre
Et justaucorps à falbalas ;
Sa puissance même, il me semble,
Allait encore en crescendo :
A l'Amour je crois qu'il ressemble,
Feu le marquis de Cupido.

Je l'ai vu debout dans son temple,
Sous les arbres de Trianon :
Le voltigeur qui le contemple
M'empêcha de graver son nom.
Je l'ai vu dans plus d'une mouche
Qui se posait sur le carmin,
Dans les fossettes d'une bouche,
Dans les plis d'une belle main ;
Je lui trouvai même une niche,
Certain jour de Quasimodo,
Que... de retraite, il n'est pas chiche,
Feu le marquis de Cupido !

Je le vis à la promenade,
Vieux gentilhomme encor pimpant,
Soupirant à la cantonade,
De chaque belle s'occupant ;

Cherchant à dérober son âge,
De moire emprisonnant ses flancs,
Toujours ardent, toujours volage,
Et ramenant ses cheveux blancs.
Il entretenait des lorettes,
Se glissait, le soir, au Prado ;
A sa bonne il contait fleurettes,
Feu le marquis de Cupido !

Tantôt, porcelaine de Saxe,
Minaudant sous un capuchon,
Faisant pivoter sur son axe
Et son sourire et sa fanchon ;
Je l'ai revu coquet et rose,
Et la maman disait tout bas :
« Laissez cette petite chose,
« Enfants, laquais, n'y touchez pas. »

Puis un marmot qui s'en désole,
Un soir, sortant de son dodo,
Précipitait de la console
Feu le marquis de Cupido !

De mainte sorte il se déguise :
En grand seigneur, en indiscret,
En parfum d'une odeur exquise,
En coussin, en livre, en coffret ;
Il se transforme en blanche laine,
En rubans noués aux bâtons :
Zéphir en charge son haleine ;
Il fait paître petits moutons ;
De la rivière il fond la glace,
Il reverdit, et... secundo,
Le monde adore, quoi qu'il fasse,
Feu le marquis de Cupido !

L'ÉPINGLE.

Au temps d'avril je fus aimé,
Je fus aimé pour une épingle ;
Et maintenant... En résumé,
Au temps d'avril je fus aimé.
Quel est l'arbrisseau parfumé
Qui, se redressant, ne vous cingle ?
Au temps d'avril je fus aimé,
Je fus aimé pour une épingle.

Un matin, elle prit mon bras
Pour s'en aller en promenade ;
Caressante, sans embarras,
Un matin elle prit mon bras.
Les chanteurs des bleus opéras
Donnaient à Dieu la sérénade.
Un matin elle prit mon bras
Pour s'en aller en promenade.

Tous deux, le long des sentiers verts,
Nous marchâmes longtemps, sans doute ;
Nos cœurs fleuris se sont ouverts
Tous deux, le long des sentiers verts.
Le printemps, vainqueur des hivers,
Pour son triomphe ornait la route.
Tous deux, le long des sentiers verts,
Nous marchâmes longtemps, sans doute.

Qu'avons-nous dit tout ce temps-là ?
Je ne sais, — elle était si belle
Avec la robe qu'elle ourla !
Qu'avons-nous dit, tout ce temps-là,
Qu'avons-nous fait ? Ma main frôla
Son fichu, je me le rappelle.
Qu'avons-nous dit tout ce temps-là ?
Je ne sais, — elle était si belle !

Une petite épingle d'or,
De son fichu, tomba dans l'herbe ;
Et je vis... que dirais-je encor ?
Une petite épingle d'or....
Ma belle pleura ce trésor
Disparu sous la verte gerbe.
Une petite épingle d'or,
De son fichu, tomba dans l'herbe.

Nous nous mîmes sur les genoux
Pour chercher la pauvre petite.
Amour, ce sont là de tes coups!
Nous nous mîmes sur les genoux...
Le soleil arrivait, bien doux,
Aux œillets faire sa visite.
Nous nous mîmes sur les genoux
Pour chercher la pauvre petite.

Tout en la cherchant, je trouvai
Un regard pur comme une aurore,
Demi-chagrin et demi-gai.
Tout en la cherchant, je trouvai
Des lèvres fraîches comme mai,
Où les roses semblaient éclore.
Tout en la cherchant, je trouvai
Un regard pur comme une aurore.

Nous nous rapprochâmes un peu,
Puis un peu, pour chercher ensemble ;
En rougissant, j'en fais l'aveu,
Nous nous rapprochâmes un peu.
Badiner ainsi près du feu,
Est plus dangereux qu'il ne semble.
Nous nous rapprochâmes un peu,
Puis un peu, pour chercher ensemble.

Vint un baiser, que je rendis,
Puis un second, rendu de même :
Dieu souriait au paradis.
Vint un baiser que je rendis.
Qu'importe un palais, un taudis,
Ou l'ombre des bois, quand on s'aime !
Vint un baiser, que je rendis,
Puis un second, rendu de même.

Et l'épingle ? On l'abandonna
Sous les muguets et dans la mousse.
Mais que de bonheur on glana !
Et l'épingle ? On l'abandonna.
La fauvette, alors, fredonna
De ses romances la plus douce.
Et l'épingle ? On l'abandonna
Sous les muguets et dans la mousse.

MA BERRICHONNE.

Pour moi Fanchonnette
Fit à sa cornette,
Cornette de lin,
Passer le moulin.
Taille pas trop grande,
OEil noir en amande,
Parler berrichon :
Voilà ma Fanchon.

Jamais une moue
A sa grosse joue,
Mais rire vermeil
Gai comme soleil ;
Et, sur ma parole,
Vraiment je raffole,
Comme un cornichon,
D'ma p'tite Fanchon.

Fanchon, ma petite,
Habille-toi vite :
Fixe du corset
L'amoureux lacet ;
De peur qu'il ne vente
Lève, de ta mante,
Le noir capuchon,
Ma p'tite Fanchon.

Charge tes corbeilles,
Pare les oreilles
De ton bourriquet
D'un double bouquet.
Si l'on veut qu'on glose
De ta jambe rose?
A califourchon,
Ma p'tite Fanchon.

Allons sur la route
Que l'herbe veloute
De tons assoupis
Comme un vert tapis;
Ou, si bon te semble,
Nous irons ensemble
Au prochain bouchon,
Ma p'tite Fanchon.

UN BON CURÉ.

Mes amis, je ne suis plus d'âge
A jeûner, dit notre curé,
Et d'ailleurs, il est un adage
Qui, sur ce point, m'a rassuré :
Dieu, pour moi, sera bon, j'espère ;
Malgré l'enfer et ses fagots,
Je dis comme disait mon père :
Monsieur l' curé n'aim' pas les os.

L'Évêque lui donne un vicaire,
Au teint blafard, au nez crochu ;
Vrai nourrisson de séminaire,
Et de tout embonpoint déchu.
Bientôt, querelle au presbytère.
Ma foi, disait l'un des bedeaux,
Je connais la clef du mystère :
Monsieur l' curé n'aim' pas les os.

Sa servante est jeune et jolie,
Et, malgré le qu'en-dira-t-on,
N'engendre point mélancolie ;
Mais de cela, dans le canton,
Personne ne se formalise,
Hormis trois ou quatre dévots,
Car on peut dire, en voyant Lise :
Monsieur l' curé n'aim' pas les os.

Chez le marquis, tous les dimanches,
Du curé le couvert est mis :
Il a toujours les grosses tranches,
Et les laquais lui sont soumis.
Les jours de galas et de fête,
Par respect, il tourne le dos.
Il préfère le tête-à-tête :
Monsieur l' curé n'aim' pas les os.

S'il reste un peu longtemps à table,
S'il estime un vin chaleureux,
Son cœur, du reste, est charitable,
Son office est aux malheureux.
Au pauvre qui dit : Dieu le rende !
En riant, il répond ces mots :
« Voici bon pain, bonne viande,
« Monsieur l' curé n'aim' pas les os. »

Vous me dites timide, Blanche,
Parce que je n'accoste pas
Vénus, un poignet sur la hanche,
Et que je murmure tout bas.
Je tremble...; mais, dans la nature,
Tout est tremblant ainsi que moi :
Tremblante est la verte tenture
Des bois, sous les vents en émoi,

Tremblant est le ruisseau qui coule ;
La biche tremble ; et le rideau
Que vous tirez devant la foule
Tremble aussi, fragile bandeau.
A mes vœux soyez moins rebelle,
Le jour que bon vous semblera,
Et..., par mon saint patron, la belle,
Votre sein aussi tremblera !

LE BONHOMME SOLEIL.

Celle qu'Actéon et Banville
Se disputent, Diane au bois,
Avait un frère assez grivois,
Et qui demeurait à la ville.
Sous ses cheveux blonds et ardents,
Orange était son uniforme;
Quand il riait, sa bouche énorme
Faisait briller trente-deux dents.
Il se rendait, dans sa berline,
Aussitôt après son réveil,
Aux vignobles de la colline :
C'était... le bonhomme Soleil.

Aimer, chanter, fut sa devise ;
Il vécut la bouteille en main,
Et voici que, le lendemain,
Tout l'Olympe le canonise.
Il se mit à rire aux éclats,
Se voyant traité de la sorte.
Sur nous, d'en haut, son rire apporte
Chansons, amours et gais ébats ;
Il habille, comme un satrape,
Le champ d'avoine et de méteil.
Et celui qui mûrit la grappe,
C'était... le bonhomme Soleil.

Un poète, sans sou ni maille,
Lui donna le nom de Phœbus.
Même en latin, ah ! que d'abus
Peut commettre un sot qui rimaille.

Il lui fallut, bon gré, mal gré,
Prendre la couronne et la lyre,
Singer un sublime délire,
Vêtir un air énamouré ;
En vain d'un laurier on enlace
Sa chevelure au ton vermeil.
Le dieu du Pinde et du Parnasse,
C'était... le bonhomme Soleil.

Un prince, un monarque, l'idole
Des artistes et des amours,
Tant que durèrent les beaux jours,
Le prit comme orgueilleux symbole.
Que de sujets à son lever !
(Prenez garde, Sire, il se couche !)
— « Rien n'est que sa flamme ne touche :
« Sur mon casque, il faut le graver ;

« Je le veux, ma voix le commande,
« Il ne connaît pas de pareil.... »
Puis, les marais de la Hollande !
C'était... le bonhomme Soleil.

Quelle surprise est donc la sienne,
Quand, perçant l'ombre de la nuit,
Pendant que l'amoureux s'enfuit,
Il va frapper à la persienne ?
« Allons, vite, un dernier baiser : »
(Madame, je vous croyais sage,)
« Fuyez vite..., et dans ce passage...
« Mon époux, comment l'apaiser ? »
Vous vous montrez à demi-nue
Et dans le plus simple appareil ;
Tant pis..., celui qui vous a vue,
C'était... le bonhomme Soleil.

LE DESSUS DU PANIER.

Quand la revendeuse Thérèse
Arrange son petit étal,
Elle met une belle fraise
Sur un panier, laid au total.
Grâce à ce vilain stratagème,
Elle trompe facilement
Ce vieux gourmet de Nicodème
Qui la marchande aveuglément;

Nicod s'en va, pointant l'oreille,
Heureux de gratter un denier.
Hélas! le fond de la corbeille
N'est pas le dessus du panier.

Le monde attache à la figure
Un prix que l'on pourrait blâmer :
Sur les cœurs, tel, par l'envergure
De ses faux cols, a su primer ;
Quant au paysan de la fable,
Eût-il quelque talent caché,
Fût-il bon, généreux, affable,
Le monde en fera bon marché.
C'est qu'on se fait prendre à la mine,
Que le mérite est casanier ;
Que la raison qui se domine
N'est pas le dessus du panier.

Près d'une grâce, sa jumelle,
Dans un kiosque rococo,
On voyait, battant la semelle,
Un Cupidon sans caraco.
Plus loin, dans un nid de rocailles,
Un Sylvain, à Paros acquis,
Abritait, chauds comme deux cailles,
Une chanoinesse, un marquis ;
Le marquis, vrai corrupteur d'âme,
Franchement, disait en dernier :
« Ce que j'aime chez vous, madame,
« N'est pas le dessus du panier. »

Trop pressé de signer un livre,
Pauvres vers, éclos en rêvant,
Sans raisonner, quand je vous livre
A tous les caprices du vent ;

Lorsque, durant toute ma vie,
Ne vous mirant qu'à mon miroir,
J'aurais, sans peur et sans envie,
Pu vous garder dans mon tiroir.
Peut-être vainement j'enroule
Vos fleurs d'un ruban printanier :
Ceci, me répondra la foule,
N'est pas le dessus du panier.

TABLE DES MATIÈRES.

TABLE DES MATIÈRES.

A la jeunesse. 1
Nous n'irons plus au bois. 3
Les contes bleus. 7
Noël. 13
Les ricochets. 15
Madame Elise. 19
Fantaisie sur le *Barbier* 25
L'épine blanche. 29
Miserere. 33
Le ménétrier. 35
Idylle. 39

TABLE DES MATIÈRES.

Le chapelet.	45
La sente aux décidez-vous.	51
L'casseux d'cailloux.	55
Dame Isabeau.	59
Le pain bénit des petits oiseaux.	65
Les nids.	69
L'gilet de mon oncle Thomas.	73
La mare du Bois-Galant.	77
Emfrild.	81
Ce qu'il advint à Meudon.	85
Catharina.	87
L'orage.	91
La chanson du fou.	95
Les amours du fossoyeur.	99
Alea.	103
Le marquis de Cupido.	107
L'épingle.	113
Ma berrichonne.	119
Un bon curé.	123
Timidité.	127
Le bonhomme Soleil.	129
Le dessus du panier.	133

www.ingramcontent.com/pod-product-compliance
Lightning Source LLC
Chambersburg PA
CBHW060141100426
42744CB00007B/848